Mémoire sur les charges.

1791

MEMOIRE

Sur les Charges & les Portées des Bouches à feu, au sujet des observations du Sieur Belidor, par rapport aux épreuves faites à son instigation, en 1740.

OBLIGÉ par ordre de la Cour, d'examiner & de dire son sentiment sur le procès-verbal, de mesme que sur les observations, en consequence des épreuves faites à Metz les 8. 11. 25. juin & 3. juillet de la presente année 1740. il est necessaire, pour se faire entendre, de rapporter une partie des causes qui produisent les irrégularitez des effets de la poudre, & aussi une partie des inconveniens qui arrivent pendant le méchanisme du tir du canon.

Ces causes & ces inconveniens sont sans nombre ; mais l'experience nous en apprend assez, pour nous faire sensiblement connoistre qu'il n'y a rien de précis, & qu'on ne peut establir aucuns principes certains sur les charges & les portées des bouches à feu, ni mesme sur leurs dimensions, qui ne sont qu'arbitraires.

C'est à Belidor, qui ose avancer avoir trouvé la charge la plus convenable, à déterminer les deux autres cas, c'est-à-dire, la longueur juste des pieces, & leurs justes portées : la verité de l'un necessite la certitude des deux autres ; alors la découverte sera très-utile.

En attendant, il faut s'en tenir, pour le bien du service, à la charge ordinaire du tiers du poids du boulet, constatée par le plus ancien usage.

Les huit livres de poudre pour la piece de vingt-quatre, sont la charge avec laquelle on fait les breches & on ouvre les places : on fera voir dans ce memoire, que la charge de huit livres, à tous égards, est à preferer à celle de neuf livres.

Ce memoire est divisé en trois parties, la premiere contient un discours sur la poudre, & sur l'usage des Officiers d'artillerie.

La seconde contient le procès-verbal des épreuves faites à

Ⓒ

A

Metz, pour connoiſtre la charge la plus convenable, tant pour le canon que pour les bombes; & l'examen de ce procès-verbal, à mi-marge.

La troiſieme contient les obſervations ſur la charge du canon, faites en conſequence de ce procès-verbal, & une reſponſe à ces obſervations, auſſi à mi-marge.

PREMIERE PARTIE,
ſur la Poudre.

Il n'eſt pas poſſible d'imaginer toutes les circonſtances qui occaſionnent les variations ſurprenantes & bizarres des effets de la poudre dans les bouches à feu, ce détail eſt immenſe; on peut cependant rapporter une partie de ces circonſtances, plus que ſuffiſante pour faire ſentir à quel point il eſt abſurde de vouloir déterminer une charge de poudre toûjours la meſme, comme la plus convenable pour les plus grandes portées, & pour les plus grands effets.

Qu'il ſoit tiré mille coups d'une piece de canon, à la meſme charge & au meſme degré, on peut moralement avancer qu'entre les mille portées il n'y en aura pas deux exactement égales, & l'on ſera ſurpris des differences qui ſe trouveront entre les petites & les grandes portées.

Des cauſes ſans nombre, à la plus grande partie deſquelles on ne peut remedier, contribuent à ces irrégularitez.

Elles peuvent venir de la part de la poudre, de la part de l'air, de la part de la vîteſſe de l'inflammation, de la part du boulet, de la part de deux ou trois de ces cauſes, ſeparement & en pluſieurs manieres, ou de toutes conjointement.

La poudre ne peut eſtre de meſme nature dans toutes ſes parties; les trois matieres qui la compoſent, ne peuvent eſtre également & ſemblablement partagées ni arrangées dans chaque grain.

Les grains ſont de differente figure & groſſeur, il s'en trouve de plus ou moins ſecs.

Les interſtices remplis d'air qu'ils laiſſent entr'eux, ſont plus ou moins grands; & cela ſeul doit donner des portées inégales, puifque c'eft felon le plus ou le moins d'air rarefié jufqu'à un certain point dans le mefme inftant, que les portées font plus ou moins grandes.

La poudre eft un hygrometre affez fenfible, qui change de qualité d'un moment à l'autre, fuivant la temperature de l'air.

L'air n'eft point homogene par-tout, ni dans toutes fes parties; il fe trouve tantoft plus rare, tantoft plus denfe; les vapeurs & les exhalaifons n'y font pas également meflées, ni en tout temps, ni en tous lieux; fa refiftance contre le boulet n'eft point uniforme ni conftante, d'un inftant à l'autre tout change.

Le plus ou le moins de vîteffe de l'inflammation, varie auffi la portée des coups; l'explofion d'une égale quantité de poudre dans une mefme piece, ne fe fait pas dans le mefme temps précis: l'experience & la raifon nous apprennent que ces temps font differens, fuivant que le feu fe lance par la lumiere avec plus ou moins de vivacité, & auffi plus ou moins en avant, ou felon que l'air eft plus rare ou plus denfe: ainfi une mefme charge, à la mefme direction, occafionne differentes portées, fuivant le temps plus ou moins court qu'elle eft à s'enflammer.

Ces temps font encore fujets à une variation neceffaire, non feulement par les differentes qualitez de la poudre, mais par les differens arrangemens des grains, tant dans la charge que dans la lumiere.

Autres variations de la part des boulets, tous differens en poids, & mefme en diametre, quoyque faits pour le mefme calibre; la matiere coulée plus ou moins chaude, fournit un grain plus ou moins fin, & par confequent une pefanteur differente.

Cette difference de pefanteur vient auffi de la foufflûre plus ou moins grande, qui fe forme indifpenfablement dans le centre, ou vers le centre des boulets, ainfi que dans les balles de plomb.

Autres variations, le boulet n'eft jamais pouffé que par une direction oblique à celle de l'axe de l'ame de la piece, qu'il ne fuit que par hazard & très-rarement: on ne peut donc pas juger de la force des boulets par la diftance de leur chûte, un boulet avec moins de force qu'un autre, ira plus loin, parce qu'il aura efté chaffé & fera parti fous un angle plus avantageux.

Ces accidens, qui influent fur chaque coup, reçoivent tant de combinaifons differentes, qu'il n'eft pas poffible d'y rien démefler, ni de reconnoiftre laquelle de ces caufes a eu le plus de part dans l'explofion ou dans la chaffe du boulet; les experiences, quelque réïterées qu'elles foient, ne font jamais parfaitement d'accord entr'elles.

Pour fçavoir à quoy s'en tenir fur cette matiere, il faudroit que l'air & la poudre ne fuffent pas fufceptibles de tous les changemens dont on a fait mention : mais, fi telle eft leur nature, comment fixer ce qui de fa nature eft variable ? & n'eft-ce pas parler de la poudre & de fes effets avec peu de jufteffe, que d'en parler avec précifion ?

On ne peut donc rien conclurre de précis fur la force de la poudre, par la comparaifon de deux ou plufieurs coups tirez à mefme charge, & au mefme degré, dans aucun cas. Lefquels d'entre tant de coups inégaux comparera-t-on, pour avoir un rapport jufte de la portée du boulet à la force de la poudre ? Comparera-t-on leurs fommes ? mais ces fommes feront iné-gales & varïables, puifque les parties qui les compofent, font inconftantes. Que fera-ce, fi l'on compare les coups tirez à differentes charges ? chaque coup particulier varie, & leurs fommes participent toûjours de leur bizarrerie & de leurs irré-gularitez : cette comparaifon des coups particuliers ou de leurs fommes, ne peut donc donner que des conclufions incertaines & fauffes.

Cependant, fi l'on tire plufieurs coups à differentes charges, fous un mefme angle, on appercevra, malgré l'inégalité & la variation des coups, que dans aucun cas une charge de feize livres ne donne une portée double de celle que donne une charge de huit livres; on appercevra, dis-je, que les portées ne font pas proportionelles aux charges.

Les plus grandes portées refpondent aux plus grandes char-ges, mais on ne fçait pas en quel rapport.

Les portées augmentent à mefure que les charges augmen-tent jufqu'à un certain point, au-delà duquel elles diminuent à mefure que l'on augmente les charges; parce que, dit-on, la

poudre

poudre non enflammée, intermédiaire entre la poudre enflammée & le boulet, reçoit la premiere percuſſion qu'elle amortit,
& qu'elle communique ainſi affoiblie, au boulet. On ignore juſ-
qu'à preſent, & il y a apparence que l'on ignorera encore long-
temps, dans quelle proportion ſe fait cette augmentation &
cette diminution des forces, relatives aux differentes charges.

Les portées du boulet ne ſont pas meſme dans la raiſon des
forces ou des vîteſſes qui luy ſont imprimées ; car les reſiſtances
de l'air ne ſont pas comme les vîteſſes, mais comme le quarré
des vîteſſes ; & un boulet qui part avec une vîteſſe double,
éprouve une reſiſtance quadruple : Donc les portées ne ſont pas
proportionnelles aux forces que la poudre luy communique.

On ſent néantmoins que la longueur du canon, & ſon calibre, eſtant déterminez, il y a une charge de poudre déterminée,
qui donne la plus grande portée poſſible ; c'eſt ce que perſonne
n'ignore, & cependant le probleme n'eſt pas réſolu.

Au ſurplus, quelle que ſoit la charge qui, dans un canon
d'une longueur & d'un calibre déterminez, donne la plus
grande portée poſſible, elle n'eſt pas la meſme ſous tous les
angles ; elle varie & doit varier à toutes les directions de la piece,
& cela à cauſe de la proprieté de la flamme.

Le propre de la flamme eſt de s'élever verticalement, &
d'accelerer l'inflammation de la poudre, dans les ſituations ap-
prochantes de la verticale ; cette proprieté de la flamme fait (le
tout égal d'ailleurs) qu'une meſme charge occaſionne plus ou
moins de force ou de chaſſe au boulet, ſuivant les differens
angles de l'ame de la piece avec l'horizon.

Plus la direction s'éloigne de l'horizontale vers le zenith, plus
l'exploſion eſt prompte, alors les petites charges gagnent ſur
les grandes : plus la direction approche de l'horizontale, plus
l'exploſion ſe ralentit, une plus grande quantité de poudre a
le temps de s'enflammer, ce qui recupere, & beaucoup au-delà,
la lenteur de l'exploſion ; alors les grandes charges gagnent infiniment ſur les petites.

Il y a donc autant de charges differentes dans un canon
d'une longueur déterminée, qui donnent la plus grande portée
poſſible, qu'il y a de directions poſſibles entre la verticale &
l'horizontale.

B

Mais, fuppofé, ce qui ne fe peut pas, que l'on euft déterminé toutes les charges fuivant toutes les inclinaifons poffibles, il faudroit encore les déterminer fuivant la differente nature ou refiftance des corps à détruire.

La refiftance d'un corps vient de la liaifon de fes parties & de fa maffe; lorfque l'objet à battre fait peu de refiftance par la liaifon de fes parties, comme la terre, il faut une foible charge; lorfqu'il refifte autant ou plus par la liaifon de fes parties, que par fa maffe, comme la bonne maçonnerie, on doit employer une forte charge; mais ces charges foibles ou fortes varient à l'infini, fuivant la nature des corps.

Tout cecy fondé fur ce que les forces n'ont d'effet utile, marqué & fenfible contre les corps, que fuivant la refiftance de ces corps: par exemple, fi l'on tire un coup violent d'un boulet contre un madrier fiché & fouftenu verticalement, le boulet ne fera qu'un trou dans le madrier; fi le coup du boulet eft infiniment moindre, le madrier fera brifé en plufieurs éclats.

Il y a donc un rapport entre la refiftance & la percuffion, qu'il faut fixer, pour faire le plus grand effet utile; il y a donc des cas où les plus grandes forces ne font pas le plus grand effet utile & fenfible.

Il fuit de-là qu'à parler exactement, on ne peut eftimer eftre les mefmes, deux charges qui donnent des portées qui ne different entr'elles que d'une toife; parce que la vîteffe ou la force pofitive ou negative, qui refpond à cette toife de plus ou de moins, eft fouvent ce qu'il faudroit pour rompre l'équilibre, & pour atteindre ou manquer le rapport jufte & neceffaire entre la refiftance & la percuffion, qui donne le plus grand effet utile.

Il y a mefme des coups de boulets, qui, partant fous une direction oblique à celle de l'axe de l'ame de la piece, reçoivent un mouvement de rotation fur leur centre de gravité, à caufe de la foufflûre qu'ils ont vers leur centre de figure: ce mouvement, qui diminuë leurs portées lorfqu'ils partent au-deffous de l'axe, eft avantageux pour la deftruction de certains corps qu'il faut pluftoft gratter & déchirer, que percuter & battre; telles font certaines terres gazonnées depuis peu, qui ne veulent eftre qu'effleurées & pincées legerement dans les commencemens, & contre lefquelles les petits coups font de merveilleux effets, sur-tout lorsque le boulet n'y entrant qu'à demi, retombe en conservant une partie de ce mouvement. Dépend-t-il du Canonnier de mettre à profit ce deffaut des boulets ?

Le terme de charge convenable est donc équivoque, & ne signifie pas toûjours celle qui donne les plus grandes portées ; & enfin, la charge qui donne les plus grandes portées ; n'est donc pas celle dont il faut toûjours faire usage : en un mot, il n'est pas de charge, toûjours la mesme, qui soit la plus convenable pour les plus grandes portées, & pour les plus grands effets.

On doit donc appeller la charge qui a le plus de force, ou qui donne les plus grandes portées possibles, la plus forte charge ; & celle qui fait le plus d'effet utile, la charge la plus convenable. C'est à l'œil à juger de celle-ci, elle est visible ; elle est sensible, elle est remarquable par ses effets ; l'esprit apperçoit l'autre, & la prouve, mais la pratique n'y atteint que par hazard, & sans pouvoir le reconnoistre.

On ne croit pas que la théorie la plus recherchée, la speculation la plus profonde, fournissent quelque chose de positif sur ce sujet ; tout l'avantage de la théorie consiste à rendre plus judicieux, plus attentif, plus prompt, & plus œconome dans la pratique.

La théorie ne prescrit icy que des regles generales & assez vagues ; elle enseigne qu'il faut se conduire suivant la nature de la poudre, l'estat des pieces, la distance des objets, la nature des corps à détruire, &c. mais on ne connoît parfaitement aucune de ces choses : comment donc appliquer ces regles avec sûreté & avec précision à chaque cas particulier qui se presente ?

Une piece pointée à quarante-cinq degrez, si le hazard fait que le coup parte avec tout l'avantage, ce qu'on ne sçauroit deviner, c'est-à-dire, si la poudre prend dans l'instant le plus prompt, & que le boulet parte suivant la direction de l'axe de l'ame, on a alors la portée naturelle, & la plus grande amplitude possible à cette charge & à cette élevation.

Si le boulet prend sa direction au-dessus ou au-dessous de l'axe, ce qui est occasionné par nombre d'accidens, l'une &

8

l'autre de ces deux portées est plus courte que la naturelle : tout ce qu'on peut penser de ces trois portées, est que le boulet de la plus estenduë, est celuy qui est parti sous la direction la plus approchante de l'axe de l'ame, si la direction des deux autres coups a esté au-dessus ou au-dessous de l'axe, c'est ce qu'on ne sçait point ; icy la conjecture est déja en deffaut. Cela n'embarrasse point le sieur Belidor, autheur des épreuves de Metz : Pour respandre à dessein une plus grande obscurité sur la matiere, il employe l'angle de quatre degrez, sous lequel on ne voit plus lequel des boulets a pris sa direction selon l'axe ou le plus près de l'axe : il fait mieux, pour augmenter encore les difficultez, il place la piece élevée de soixante-dix-huit pieds au-dessus du sol sur lequel tombent les boulets, ce qui occasionne de nouvelles variations aux rapports entre les portées : tout cela ne l'arreste point, il donne, non des conjectures, mais des consequences qu'il nomme observations, qui à la verité sont démenties par l'estat des portées inserées au procès-verbal.

L'autheur, dans ses observations, perd la verité de vûë. Pour estayer ses idées, il fait penser & agir les Officiers d'artillerie, comme il sçait qu'ils ne pensent ni n'agissent, du moins ceux qui ont de l'application & de l'experience sur ces faits ; il n'a garde de s'adresser à ceux-cy pour leur expliquer ses systemes imaginaires, il ne les seduiroit pas avec la mesme facilité qu'il en impose aux personnes dont les idées n'ont point pour objet les capricieuses variations des effets de la poudre.

Il y a environ quatre cens ans que l'artillerie est en usage, le canon a passé par les mains de bien des gens, parmi lesquels il s'en est trouvé de très-habiles : on a fait mille & mille épreuves pour trouver les veritables charges & les portées des bouches à feu ; mais les accidens & les varietez bizarres des effets de la poudre, ont forcé une longue experience d'en demeurer au tastonnement, & d'aller à peu près.

Ces experiences incertaines ont cependant déterminé les charges au tiers du poids du boulet, ce qui fait huit livres de poudre pour la piece de 24. & les autres à proportion.

Cette charge de huit livres renferme le menagement des pieces, des affusts, & l'œconomie de la poudre.

Les

Les lanternes, de tout temps, ont efté faites pour contenir, comme aujourd'huy, le tiers du poids du boulet.

Il n'a efté employé que cette charge à la batterie d'efcole, devant le Roy à Compiegne; c'eft la charge ufitée dans les fieges.

Dans les efcoles, la charge eft reglée au quart du poids du boulet.

On bat en brefche à huit livres avec la piece de vingt-quatre, c'eft un fait conftaté qui n'eft ignoré d'aucun officier d'artille-rie de pratique; on tire à cette charge, de cent, deux cens & trois cens toifes.

On infifte icy fur la charge de huit livres pour la piece de vingt-quatre, parce que Belidor a foin de faire entendre que les officiers d'artillerie bruflent beaucoup trop de poudre à la guerre, fans dire un mot dans fon procès-verbal, ni dans fes obfervations, de quelle quantité de poudre on fait la charge ordinaire des pieces.

On voit fenfiblement que cette verité de fait, c'eft-à-dire, la charge ordinaire de huit livres, ne convenoit point à fes idées, fon projet a efté d'en impofer, fous le pretexte fpecieux d'une grande œconomie.

Pour cela, il a fallu infinuer que les officiers d'artillerie fai-foient ufage de trop grandes charges, & confommoient une trop grande quantité de poudre.

Il propofe donc, pour découverte importante à l'Eftat, la charge de neuf livres, comme la plus convenable; il promet des avantages infinis, une œconomie confiderable de poudre, une diminution très-grande de métal dans les pieces, le ménage-ment du canon, des affuts, &c.

De-là, le merveilleux ! il fixe les yeux de tout le monde fur luy, il excite l'admiration, il éblouit, il feduit.

Mais fi tout ce fyfteme n'eft qu'un vain phantôme fondé fur l'impofture, que dire & que penfer d'une pareille conduite ! S'il eft vray, comme on n'en peut douter, que la charge ordi-naire employée par les officiers d'artillerie, eft celle de huit ou de fix livres, celle de deux livres & moins pour les ricochets, celle de douze livres dans des cas particuliers, comme de plus grande diftance ou de plus grande refiftance, que devient le

C

merveilleux de la découverte de l'autheur? où est l'œconomie qu'il propose? N'est-ce pas abuser du zele de gens peu instruits des usages de l'artillerie, n'est-ce pas vouloir se jouer de leur crédulité!

Ses propositions sont fausses, ses observations frivoles, ses promesses vaines, & ses avis dangereux à l'Estat.

Il propose, par exemple, de diminuer l'épaisseur des pieces de vingt-quatre, au moins d'un quart, à cause de la charge de neuf livres qu'il dit estre la meilleure, dans le temps que ces mesmes pieces resistent à peine aux efforts qu'elles reçoivent à la charge de huit livres; il s'appuye pour cela sur le sentiment du sieur Sautray, & celuy-cy le desavouë.

Au surplus, si c'est la théorie qui le conduit à cette découverte de la charge de neuf livres, comme la plus convenable, qu'il donne en consequence l'épaisseur & la longueur des pieces, proportionnement à cette charge, ç'en est une suite necessaire : si au contraire il n'est fondé que sur les experiences qu'il a faites, pourquoy ces experiences auroient-elles plus de credit que celles que nos anciens ont faites, & qu'ils ont réïterées mille fois, pour déterminer la charge ordinaire à huit livres! Ces experiences sont-elles plus instructives & mieux entenduës que les autres? Mais son propre ouvrage le dément, le procès-verbal le contredit, & donne des consequences tout-à-fait contraires aux observations qu'il en tire; c'est ce dont on peut juger par la seule inspection de l'estat des portées, & ce n'est que parce que la Cour l'ordonne, que l'on passe à l'examen de ce procès-verbal.

SECONDE PARTIE.

Procès-verbal de ce qui s'est passé aux épreuves faites à Metz les 8. 1 1. 2 5. juin & 3. juillet de la presente année, pour connoistre la charge la plus convenable au Canon; & à celles faites les 9. & 1 2. juillet de la mesme année, pour connoistre la charge des Bombes de 1 2. & de 8. pouces, quand on ne veut tirer que dessus les batteries & sur les troupes.

On a fait faire une platte-forme horizontale, sur le rempart de la citadelle, vis-à-vis la face droite du bastion Saint-Louis, sur laquelle on a posé une piece de Canon du calibre de 24. Cette piece nommée le Serpent, a de longueur dans l'ame, neuf pieds huit pouces, fonduë à Strasbourg par Berquen en 1 7 2 6.

Les tourillons placez sur l'affust, se sont trouvez élevez de soixante-dix-huit pieds au-dessus du niveau de la prairie dans laquelle coule la Moselle; & pour mesurer plus exactement les coups, l'on a planté dans la mesme prairie, sur la direction de la piece, des piquets de vingt-cinq toises en vingt-cinq toises de distance, sur la longueur d'environ neuf cens toises, jusqu'à la rencontre de la riviere.

Pour faire ces épreuves avec toute l'exactitude possible, & d'une maniere exempte de suspicion, l'on a esté en nombre de personnes suffisant pour observer la chûte des boulets, & en mesurer la distance.

Le 8. juin, l'on s'est rendu à trois heures après midi à la citadelle, sur le bastion Saint-Louis, avec d'autres personnes, pour estre tesmoins de la maniere dont la piece seroit chargée & pointée.

La poudre dont on s'est servi pour tous les coups que l'on a tirez, a esté bien meslée, en la faisant couler d'une tonne dans l'autre, & ensuite pesée exactement, & mise dans des gargousses de papier.

Toutes ces gargousses, après avoir esté introduites dans la piece, ont esté refoulées de deux coups seulement, sans bouchon sur la poudre; mais on en a mis un sur le boulet, refoulé aussi de deux coups : & tous les boulets ont esté choisis du calibre le plus égal qu'on ait pu trouver.

La direction de l'ame de la piece a esté pointée par M. . . .

avec un quart-de-cercle d'un pied de rayon, posé sur une grande regle introduite dans la piece.

Procès-verbal.

Dans cette premiere épreuve, l'on a commencé par faire tirer quatre coups à 8.^{liv} de poudre, quatre à 9. quatre à 10. quatre à 11. & comme la piece s'échauffoit extraordinairement, & que la volée commençoit à menacer ruine, quoyque cette piece servist alors pour la premiere fois, l'on a pris le parti de ne plus faire tirer que trois coups à 12.^l deux à 14. deux à 16. deux à 18. & deux à 20. Surquoy l'on a remarqué qu'on ne pouvoit gueres compter sur les portées des charges de 16. de 18. & de 20.^l parce que la platte - forme qui n'estoit pas solide, s'est affaissée, & que la femelle qui avoit esté faite pour pointer la piece sous l'angle de quatre degrez, ne pouvant plus convenir, rendoit l'angle plus ouvert que de quatre degrez; à quoy l'on n'a pu remedier qu'imparfaitement, en se servant d'un coin de mire, qui a varié en tirant la piece, ce qui a esté sensible. D'ailleurs on a regardé comme fort inutiles, les coups tirez avec 18. ou 20.^l de poudre, puisqu'on ne pousse jamais la charge jusque-là.

Examen du Procès-verbal.

On n'a pas choisi l'angle le plus convenable, s'il en est un, pour découvrir la veritable portée des pieces. Supposé qu'on la cherchast serieusement, il falloit pointer la piece en chantier, sous l'angle de quarante-cinq degrez, ou, pour estre plus précis, sous un angle tel que le boulet parte sous la direction de quarante-cinq degrez; cet angle est reputé celuy sous lequel les portées sont les plus grandes possibles, & j'adjouste les plus uniformes & les plus constantes, parce que, toutes choses estant égales d'ailleurs, les differences qui arrivent à cet angle, comme de quarante-cinq à quarante-quatre, ou quarante-six, sont moins considerables à proportion, moins sensibles & moins marquées dans leur effet, que celles qui arrivent à l'angle de quatre degrez, où la moindre erreur donne des portées bizarres & peu relatives entr'elles.

Les changemens qui arrivent à l'angle de quarante-cinq degrez, sont toûjours au desavantage des portées, parce qu'au-dessus

qu'au-deſſus ou au-deſſous de cet angle, les portées ſont toûjours moindres, mais égales, lorſqu'elles en ſont également
éloignées. Ceux au contraire qui arrivent à l'angle de quatre
degrez, donnent neceſſairement des portées plus grandes ou
plus petites, & par conſequent plus inégales, & moins propres
à eſtre comparées entr'elles.

Cette bizarrerie des portées ne vient point, comme on l'in-
ſinuë dans le procès-verbal, de ce que le coin de mire varie en
tirant la piece, mais de ce que le boulet ne ſuit jamais l'axe de
l'ame, ou la direction de la piece, il va au-deſſus ou au-deſſous
de cet axe, ſelon les chocs qu'il reçoit dans l'ame; elle vient
auſſi de pluſieurs autres cauſes, dont les plus connuës ſont détaillées dans la premiere partie de ce memoire, & dans le cas
particulier de cette épreuve, où le canon ſur ſa platte-forme,
eſtoit élevé de ſoixante-dix-huit pieds au-deſſus du plan de la
chûte des boulets. Cet accident du départ du boulet au-deſſus
ou au-deſſous de la direction de l'axe de la piece, a dû jetter
beaucoup d'inégalitez dans le rapport des portées; parce que
celuy qui part ſous l'angle le plus avantageux, ou au-deſſus
de cette direction, gagne beaucoup dans cette ſituation : & au
contraire celuy qui part au-deſſous, perd infiniment, ſur-tout
ſi ſon centre de gravité eſt different de celuy de ſa figure.
Pourquoy adjouſter de deſſein prémedité, de nouveaux obſta-
cles à ceux que l'on ne peut éviter dans la recherche d'une choſe
ſi importante ? Aſpiroit-on ſerieuſement & de bonne foy à quelque découverte ? Eſt-ce par ignorance ou par malice, que l'on
accumule les embarras & les difficultez ? Veut-on éclairer ou
ſimplement éblouir, en impoſer & décider ?

D'ailleurs, il eſt impoſſible de pointer ſous un angle quelconque, avec une préciſion géometrique, ni de reconnoiſtre
ſous quel angle le boulet eſt parti. Enfin, il eſt certain par des
experiences bien réïterées, qu'une piece miſe en équilibre atteint & frappe juſte le but où elle eſt pointée, malgré la facilité
qu'elle a à ſe déranger : le changement n'arrive donc, & l'équilibre n'eſt rompu, qu'après l'exploſion.

C'eſt donc une précaution ſuperfluë que de vouloir aſſu-
jettir une piece ſous un angle quelconque, pour voir l'effet
qu'elle produit ſous ce meſme angle; cet aſſujettiſſement, & le

D

plus ou le moins de folidité de la platte-forme, ne contribuë en rien, ni à la juftelle du coup, ni à la longueur de fa portée, quoyque la plufpart des gens de pratique penfent autrement.

L'on a remarqué que l'on ne pouvoit gueres compter fur les portées des charges de 16. 18. & 20. livres de poudre, il faut en chercher la caufe ailleurs que dans l'affaiffement de la platte-forme. Cet affaiffement a obligé, dit-on, à former l'angle de quatre degrez avec un coin de mire, qui a varié en tirant la piece : cette variation du coin de mire a pu eftre fenfible. A-t-elle influé fur la portée des coups? elle ne s'eft faite qu'après la fortie du boulet ; l'experience de la piece mife en équilibre, rapportée cy-deffus, en eft la preuve, mais il falloit un pretexte pour ne plus tirer à 18. & 20. livres de poudre.

On a regardé comme inutiles, les coups qu'on a tirez avec 18. ou 20. livres de poudre ; cependant c'eft ce dont il eftoit queftion. Cette recherche eftoit utile, quoyqu'on ne pouffe jamais la charge jufque-là, excepté dans les épreuves. Il eftoit bon de voir où commencent à peu-près les diminutions des portées refpondantes à de plus grandes charges ; c'eft ce point qu'il falloit découvrir, à moins qu'on ne l'euft fixé d'avance à 9. livres, indépendamment des experiences contraires ; & certes on a eu raifon de n'avoir aucun égard aux charges de 18. & de 20. livres, & de les fupprimer mefme dans les épreuves du 11. juin, elles auroient defabufé trop aifement de la prévention où l'on eftoit contr'elles : l'infpection feule de l'eftat des portées de l'épreuve du 8. juin, fuffit pour faire approuver la conduite de ceux qui les ont negligées en faveur de celle de 9. livres, qui devoit avoir la preference. Cet eftat fait voir que les portées à 18. & 20. livres, furpaffent à peu-près d'un quart les portées de la favorite, & c'eft peut-eftre ce que l'on ne vouloit pas voir le 11. du mefme mois.

On a cru apparemment l'angle de quatre degrez plus propre que tout autre pour faire valoir les petites charges.

En effet, fi les boulets entroient dans les pieces avec la mefme juftelle qu'un pifton dans une feringue, il eft évident que l'axe de la piece pafferoit par le centre du boulet, & qu'eftant chaffé, ce centre demeureroit toûjours dans le plan vertical de l'axe de l'ame : or dans ce cas, l'angle de quatre degrez eſtant celuy qui donne preſque les moindres portées, les differences en paroiſſent plus petites; la difference de deux nombres qui expriment un rapport, eſt petite, ſi ce rapport eſt reduit à ſes moindres termes; & la difference eſt plus grande, ſi les nombres qui l'expriment ſont grands. Ne ſeroit-ce point dans cette idée que l'on auroit preferé l'angle de quatre degrez à celuy de quarante-cinq, afin que les portées eſtant moindres ſous cet angle, les differences en paruſſent auſſi moindres!

Mais le contraire eſt arrivé, la lenteur de l'inflammation de la poudre dans une direction horizontale, donne beaucoup d'avantage aux grandes charges ſur les petites: & comme dans la pratique le centre du boulet ſe trouve ordinairement au-deſſous de l'axe, d'une ligne & plus, il part au-deſſus ou au-deſſous de cet axe, ſuivant les differens chocs qu'il reçoit dans l'ame, & donne des portées tout-à-fait differentes; ſi la derniere reflexion du boulet contre la piece ſe fait à la partie inferieure de l'ame, le boulet prend une direction au-deſſus de l'axe; ſi la derniere reflexion ſe fait à la partie ſuperieure de l'ame, le boulet prend une direction au-deſſous de l'axe. Voilà donc, à meſme charge, dans un meſme calibre, deux portées bien differentes, & d'autant plus differentes, que les angles d'incidence & de reflexion ſont plus ou moins aigus, & que l'axe de l'ame approche plus du parallelifme de l'horizon.

Le 9. de juin, l'on a trouvé les portées cy-après, ſur les eſtats remis par les perſonnes qui avoient eſté meſurer les diſtances où les boulets avoient eſté portez.

Des quatre coups tirez à la charge de 8. livres de poudre, la portée du premier a eſté de 799. toiſes, celle du ſecond, de 844. celle du troiſieme, de 829. & celle du quatrieme, de 887. Adjoûtant ces quatre portées enſemble pour prendre le quart de la ſomme, l'on

Le moyen arithmetique que l'on prend entre un nombre de coups, pour déterminer une portée moyenne, eſt erroné, ſi l'on veut s'en ſervir pour le comparer avec le moyen arithmetique ſemblablement formé des plus grandes portées;

trouvera 840. toifes pour la por-
tée moyenne.

Des quatre coups chargez à 9.
livres, le premier a porté à 715.
toifes, le fecond à 917. le troi-
fieme à 855. & le quatrieme à
812. toifes; ce qui donne 825.
toifes pour la portée moyenne.

Des quatre coups tirez à 10.
livres, le premier a porté à 834.
toifes, le fecond à 872. le troi-
fieme à 851. & le quatrieme à
845. ce qui donne 850. toifes
pour la portée moyenne.

Des quatre coups tirez à 11.
livres, le premier a porté à 837.
toifes, le fecond à 784. le troi-
fieme à 950. & le quatrieme à
892. ce qui donne 866. toifes
pour la portée moyenne.

Des trois coups tirez à 12.
livres de poudre, le premier a porté
à 812. toifes, le fecond à 807.
& le troifieme à 882. ce qui
donne 833. toifes pour la portée
moyenne.

Des deux coups tirez à 14.
livres, le premier a porté à 840.
toifes, le fecond à 848. ce qui
donne 843. toifes 3. pieds pour
la portée moyenne.

Des deux coups chargez à 16.
livres, le premier a porté au-delà
de la riviere, à une diftance efti-
mée, à vûë de pays, à 1000.
toifes, le fecond à 898.

Des deux coups chargez à 18.
livres, le premier a porté à 950.

parce qu'il peut arriver par
quelques-unes des caufes qui
varient les effets de la poudre,
que dans les portées particulieres il y auroit des irrégularitez, par excès ou par deffaut,
telles que la fomme des portées refpondantes aux grandes
charges, feroit égale à la fomme des portées refpondantes
aux petites : il n'eft donc bon
que dans la fuppofition fauffe,
que la force de la poudre feroit
toûjours conftante, & que les
portées refpondantes à cette
force feroient regulieres.

Et fi l'on veut entendre
qu'avec une charge déterminée, l'on parviendra à la diftance que défigne le moyen
arithmetique, on fe trompera
groffierement; puifque l'on eft
certain d'avance que la moitié
des coups n'ira pas jufqu'à cette
diftance.

Cette comparaifon des portées moyennes, fauffe, de quelque cofté qu'on l'envifage, eft
bien digne du genie de l'autheur.

Pour comparer des moyens
arithmetiques, il faut qu'ils
foient femblablement formez:
pourquoy donc dans l'épreuve
du 8. les moyens arithmetiques qui expriment les portées
moyennes des charges à 16.
18. & 20. livres, ne font-ils
que

toifes, & le fecond fur l'autre bord de la riviere, eftimé de 1 0 0 0. toifes.

Enfin, des deux coups tirez à 2 0. livres, le premier a porté au-delà de la riviere, à une diftance eftimée de 1 1 0 0. toifes, & le fecond à 8 4 1. toifes; ainfi l'on voit par les differences extraordinaires qui fe rencontrent dans les portées de ces trois dernieres charges, leur peu d'exactitude, vû les dérangemens du coin de mire, dont nous avons fait mention cy-devant : c'eft pourquoy nous n'a-vons pas voulu, pour l'épreuve fui-vante, pouffer la charge au-delà de 1 6. livres, parce que la piece fe tourmente trop pour pouvoir tirer jufte.

Il y a eu deux autres coups tirez à 9. livres, dont l'un à 7 4 2. toifes, le fecond à 8 0 6. toifes.

Les jours fuivans l'on a conf-truit une nouvelle platte-forme beaucoup plus folide que la pre-miere, fur laquelle on a placé une autre piece fonduë à Roche-fort, toute femblable à la pre-cedente, mais incomparablement meilleure : l'on a employé pour pointer le Canon, une femelle ar-reftée par quatre vis, pour la fixer d'une maniere inébranlable, pour qu'il ne puft furvenir aux portées aucune variation de cette part.

que la moitié de la fomme de deux portées, tandis que les au-tres font le quart de la fomme de quatre portées? Quelle eft cette rufe, on la voit, & il eft aifé de conclurre?

Cette rufe n'empefche pas que la comparaifon des moïens arithmetiques, ou des portées moyennes, ne donne des con-fequences oppofées à celles que l'on tire du procès-verbal, & n'eft point en faveur de la charge de 9. livres.

En effet, felon le procès-verbal, la portée moyenne de 9. livres eft de 8 2 5. toifes, ou de 7 7 4. toifes; toutes les autres portées moyennes à des char-ges plus grandes, font regulie-rement plus grandes; celle de 1 0. livres, eft de 8 5 0. toifes; celle de 1 1. livres, de 8 6 6. toifes; celle de 1 2. livres, de 8 3 3. toifes; celle de 1 4. livres, de 8 4 4. toifes; celle de 1 6. livres, de 9 4 9. toifes; celle de 1 8. livres, de 9 7 5. toifes; & celle de 2 0. livres, de 9 7 0. toifes, qui toutes furpaffent 8 2 5. ou 7 7 4. toifes.

Les portées de l'épreuve faite le 1 1. ne donnent pas plus d'avantage à la charge de 9. livres.

Ne doit-on pas eftre furpris de voir dans l'épreuve du 8.

juin, la portée moyenne de 1 2. livres, eftre de 8 3 3. toifes;

celle de 14. livres, de 844. toifes, tandis que celle de 16. livres eft de 949. toifes? N'y auroit-il pas quelqu'erreur, peut-eftre involontaire, dans les précautions que l'on a prifes pour charger & pointer d'une façon exempte de fufpicion? Le mefme fujet de furprife fe rencontre dans l'épreuve du 11. juin, où la portée moyenne à 11. livres, n'eft que de 811. toifes, tandis que celle de la charge immédiatement fuperieure, 12. livres, eft de 870. toifes $\frac{1}{2}$; celle de 14. livres, eft de 914. toifes, ou de 951. toifes: ces inégalitez ne peuvent-elles pas venir de la difference infenfible de l'ouverture de l'angle, & de ce que le boulet ne fuit pas cet angle, ou la direction de la piece, auffi-bien que de l'inconftance & de la variation des effets de la poudre?

On ne parlera plus icy des portées de 18. & de 20. livres, puifqu'il eft décidé qu'on les regarde comme inutiles; elles font trop grandes en effet, & nuifent trop à la reputation de la charge de 9. livres.

Le foin que l'on a pris d'employer une femelle arreftée par quatre vis, pour la fixer d'une maniere inébranlable, pour qu'il ne puft furvenir aux portées aucune variation de cette part; ce foin, dis-je, ne pouvoit-il convenir aux grandes charges comme aux petites? Pourquoy a-t-on fupprimé ces grandes charges, fi l'on travailloit à une découverte?

Mais fi l'on vouloit negliger les grandes charges, comme trop difpendieufes & trop fatigantes pour les affufts & pour le canon; pourquoy a-t-on fupprimé la charge de 8. livres dans l'épreuve du 11. juin! Elle donne dans l'épreuve du 8. une portée de 840. toifes, plus grande que la portée moyenne de 9. livres, qui eft de 825. Pourquoy faire des épreuves fi on ne veut pas les fuivre pied à pied, ni fe conformer à ce qu'elles indiquent? Pourquoy ne pas adopter la charge de 8. livres, qui joint à l'œconomie une portée fuperieure à celle de 9. livres?

Cette charge de 8. livres eft-elle rejettée comme mauvaife, parce que les Officiers d'artillerie l'admettent & la regardent comme bonne? Eft-ce pour en impofer à noftre créance que, dans l'eftat des portées, l'on prefente toûjours à nos yeux la charge de 9. livres, & que l'on n'apperçoit qu'une feule fois celle de 8. livres? A-t-on craint qu'elle ne paruſt avec tous ſes avantages? A-t-on voulu prendre l'experience pour guide, ou bien a-t-on voulu guider l'experience? Cette conduite dans les épreuves, eſt ſinguliere; mais il falloit la tenir; concluez.

On avouë cependant ſans peine, que ce n'eſt que par hazard que la charge de 8. livres a donné dans cette épreuve une portée plus grande que la charge de 9. livres.

Le 11. de juin, l'on s'eſt rendu ſur le baſtion Saint-Louis avec toutes les perſonnes qui avoient eſté preſentes à la premiere épreuve, & l'on a continué de meſme à obſerver la chûte des boulets, pour en meſurer les portées; d'autre part, on a fait meſler la poudre & peſer les charges qui ont eſté tirées à gargouſſes, comme en premier lieu.

Pour que l'on ne pût rien imputer aux differens effets de la poudre, lorſque la piece eſt plus échauffée, à meſure que l'on tire un plus grand nombre de coups immediatement de ſuite, il a paru convenable d'entremeſler la charge de 9. livres avec les autres plus fortes, & de commencer ſubitement de la plus foible à la plus forte; ainſi l'on a fait tirer deux coups à 9. livres, enſuite deux à 16. livres, deux autres à 9. & puis deux à 14. deux encore à 9. & deux à 12. encore deux à 9. & deux à 11. deux à 9. & deux à 10. enfin, deux à 9. & deux à 14. Et pour juger ſi un bouchon poſé & refoulé ſur la poudre, ſelon l'uſage ordinaire, produiſoit un meilleur effet que de n'en point mettre du tout, l'on a décidé que des deux coups tirez avec chacune des charges precedentes, le premier le ſeroit ſans bouchon ſur la poudre, mais un ſeulement ſur le boulet; & que le ſecond ſeroit tiré avec un bouchon ſur la poudre, & un ſur le boulet; l'un & l'autre refoulé de deux coups, comme dans la premiere expe-rience.

Comme le quart de cercle dont on s'eſtoit ſervi pour la premiere épreuve, avoit eſté un peu déjetté entre les degrez 4. & 5. par le ſoleil, on en a fait un autre de deux pieds de rayon; & pour qu'on ne pût rien oppoſer à la maniere dont la piece ſeroit pointée encore ſous quatre degrez, comme en premier lieu, M. . . . . . s'eſt chargé de faire ſeul uſage du quart de cercle.

Le lendemain matin 12. de juin, les eſtats des portées ayant eſté confrontez & trouvez conformes, c'est sur cette attestation que l'on donne les portées des charges precedentes.

Des deux coups tirez d'abord à 9. livres, le premier a porté à 870. toises, & le second à 854.

Des deux coups tirez à 16. livres, le premier a porté à 970. toises, & le second à 835.

Des deux coups suivans, tirez à 9. livres, le premier a porté à 854. toises, & le second à 822.

Des deeux coups tirez à 14. livres, le premier a porté à 878. toises, & le second à 950.

Des deux coups tirez encore à 9. livres, le premier a porté à 858. toises, & le second à 826.

Des deux coups tirez à 12. livres, le premier a porté à 899. toises, & le second à 842.

Des deux coups suivans à 9. livres, le premier a porté à 808. toises, & le second à 856.

Des deux coups chargez à 11. livres, le premier a porté à 792. toises, & le second à 830.

Des deux coups chargez encore à 9. livres, le premier a porté à 1010. toises, & le second à 735.

Des deux coups chargez à 10. livres, le premier a porté à 871. toises, & le second à 838.

Enfin, des deux derniers coups tirez à 9. livres, le premier a porté à 900. toises, & le second à 783.

L'on a terminé cette experience par deux coups tirez encore à 14. livres, dont le premier a porté à 1060. toises, & le second à 843.

Pour juger du premier coup d'œil des portées de toutes les charges differentes, tant de la premiere, que de la seconde expérience, les voicy rapportées en nombre, dans l'ordre naturel où elles ont esté tirées.

ESTAT

ESTAT des Portées de l'Épreuve du 8. Juin, faite avec une Piece de 24. pointée sous quatre degrez.

CHARGES.	COUPS.	PORTÉES EN TOISES.	
Livres de Poudre.		toises.	Portées moyennes.
8	1 .... 799. 2 .... 844. 3 .... 829. 4 .... 887.		840. toises.
9	5 .... 715. 6 .... 917. 7 .... 855. 8 .... 812.		825.
10	9 .... 834. 10 .... 872. 11 .... 851. 12 .... 845.		850.
11	13 .... 837. 14 .... 784. 15 .... 950. 16 .... 892.		866.
12	17 .... 812. 18 .... 807. 19 .... 882.		833.
14.	20 .... 840. 21 .... 848.		844.
16.	22 .... 1000. 23 .... 898.		949.
18.	24 .... 950. 25 .... 1000.		975.
20.	26 .... 1100. 27 .... 841.		970. 3 pieds.
9.	28 .... 742. 29 .... 806.		774.

ESTAT *des Portées des Épreuves du 11. Juin, faites avec une Piece de 24. pointée sous quatre degrez.*

CHARGES.	COUPS.	PORTÉES EN TOISES.	
Livres de Poudre.		toises.	Portées moyennes.
9.	1 . . . . 870.		862. toises.
	2 . . . . 854.		
16.	3 . . . . 970.		902. 3. pieds,
	4 . . . . 835.		
9.	5 . . . . 854.		838.
	6 . . . . 822.		
14.	7 . . . . 878.		914.
	8 . . . . 950.		
9.	9 . . . . 858.		842.
	10 . . . . 826.		
12.	11 . . . . 899.		870. 3.
	12 . . . . 842.		
9.	13 . . . . 808.		832.
	14 . . . . 856.		
11.	15 . . . . 792.		811.
	16 . . . . 830.		
9.	17 . . . . 1010.		872. 3.
	18 . . . . 735.		
10.	19 . . . . 871.		854. 3.
	20 . . . . 838.		
9.	21 . . . . 900.		841. 3.
	22 . . . . 783.		
14.	23 1060		951. 3.
	24 . . . . 843.		

Pour voir l'effet que produi-roient dans la terre, les boulets tirez avec des charges differentes, l'on a difpofé un attelier à la porte Mazelle, qui prefentoit une butte de terre vierge, d'environ 10. pieds de longueur fur 8. de hauteur; les terres de cette butte n'eftoient point parfaitement égales, mais compofées de lits d'un fable dur & graveleux, qui regnoit principalement depuis le pied jufque vers le milieu de la hauteur de la mefme butte, & le refte refpondant au fommet, eftoit de terre plus douce.

A 30. toifes de diftance, l'on a placé deffus une platte-forme la mefme piece de 24, dont on s'eft fervi pour la feconde épreuve faite à la Citadelle.

Le 25. juin l'on s'eft rendu fur les lieux, avec toutes les perfonnes qui avoient agi ou affifté aux épreuves precedentes: l'on a fait pefer la poudre, & charger la piece de 9 livres; & ce premier coup a chaffé le boulet dans les terres, à la profondeur de 9. pieds 2. pouces; le fecond coup chargé de 12. livres a enfoncé le boulet à la profondeur de 6. pieds 11. pouces 8. lignes feulement, parce qu'ayant donné un peu plus bas que le precedent,

On ne peut rien ftatuer fur les épreuves faites le 25. juin & le 3. juillet, pour voir l'effet que produiroient dans la terre, les boulets tirez avec des charges differentes dans une butte; les terres de cette butte eftoient heterogenes, inégales, & compofées de lits de fable dur & graveleux: cependant, par l'épreuve du 3. juillet, les plus grands enfoncemens refpondent aux plus grandes charges, fur-tout dans les trois coups dont il eft dit qu'ils ont penetré une terre à peu-près de mefme qualité. Mais quelles que foient les conclufions que l'on tirera de ces épreuves, elles ne peuvent eftre que très-douteufes, & mefme erronées, & plus douteufes que celles que donnent les charges de poudre dans les autres épreuves; car on eftime que les charges de poudre qui donneront les plus grandes portées, donneront auffi les plus grands enfoncemens, lorfqu'on tirera dans une terre bien homogene, fi les plus grandes portées font occafionnées par les plus grandes forces.

il a apparemment rencontré une terre plus ferme.

Le troifieme coup chargé de 14. livres de poudre, *a enfoncé fon boulet à la profondeur de* 8. pieds 3. pouces.

Le quatrieme coup chargé de 9. livres, a porté son boulet à 8. pieds 6. pouces 9. lignes de profondeur.

L'on a tiré ensuite un cinquieme coup chargé de 12. livres, qui n'a pas esté mis en ligne de compte, parce que le boulet a donné immediatement au-dessus d'un des coups precedens, dont les terres estoient ébranlées & remplies de lezardes.

Enfin, l'on en a tiré un sixieme, chargé de 14. livres, qu'on n'a pas eu le temps de rechercher, estant survenu un orage au declin du jour, qui a terminé cette épreuve à quatre coups seulement, puisque ce sont les seuls sur lesquels on puisse compter.

Ayant choisi une butte plus estendüe, l'on s'est rendu le 2. juillet dans le mesme endroit, avec les mesmes personnes; & l'on a remarqué que la place n'estoit plus esloignée que de 26. toises de la butte, parce qu'on avoit esté obligé de rapprocher la platte-forme, pour n'estre point incommodé des eaux de plüye.

.La poudre ayant esté pesée, comme dans les épreuves precedentes, l'on a fait charger la piece à 9. livres, & ce premier coup a enfoncé son boulet à la profondeur de 10. pieds 4. pouces.

Le second coup chargé de 12. livres, a enfoncé son boulet à la profondeur de 11. pieds 2. pouces 6. lignes.

Le troisieme coup chargé de 14. livres, a enfoncé son boulet à la profondeur de 11. pieds 2. pouces 3. lignes, & ces trois coups ont penetré une terre qui estoit à peu près de mesme qualité.

Le quatrieme coup chargé de 9. livres, a enfoncé son boulet à la profondeur de 9. pieds 3. pouces 3. lignes, & a donné un peu plus bas que les precedens.

Le cinquieme coup chargé de 12. livres, a enfoncé son boulet à la profondeur de 7. pieds 6. pouces seulement, parce que le terrein vers la droite de la butte est plus solide que vers la gauche, par où l'on a commencé à tirer.

Le sixieme coup chargé de 9. livres, a porté son boulet à la profondeur de 5. pieds 10. pouces.

Le septieme coup chargé de 14. livres, tiré à costé du precedent, mais un peu au-dessus, a porté son boulet à la profondeur de 6. pieds juste.

Comme la butte estoit trop labourée pour pouvoir y tirer davantage, l'on a fait passer la piece sur la gauche, vis-à-vis un attelier qui presentoit une butte de peu d'estendüe, dans laquelle on a tiré le

huitieme

huitieme coup chargé de 14. livres de poudre, qui a porté son boulet à la profondeur de 12. pieds 3. pouces.

Enfin, l'on a tiré sur la droite du coup precedent, un neuvieme coup chargé de 9. livres de poudre, & le boulet s'est enfoncé de 10. pieds 3. pouces 3. lignes, dans une terre à peu près de mesme nature que celle qui compose la gauche de la butte dans laquelle on a tiré les sept coups precedens, n'en estant separée que par un temoin de 4. pieds d'épaisseur; le premier & le neuvieme trous n'estant distans que de 6. à 7. pieds.

RECAPITULATION des Epreuves du 26. Juin & du 3. Juillet, rapportées de suite.

Suite des coups tirez.	*Poudre en livre.*	*Profondeur des coups.*		
		pieds.	pouces.	lignes.
1.	9.	9.	2.	0.
2.	12.	6.	11.	8.
3.	14.	8.	3.	0.
4.	9.	8.	6.	9.

Seconde épreuve du 3. Juillet.

5.	9.	10.	4.	0.
6.	12.	11.	2.	6.
7.	14.	11.	2.	3.
8.	9.	9.	3.	3.
9.	12.	7.	6.	0,
10.	9.	5.	10.	0.
11.	14.	6.	0.	0.
12.	14.	12.	3.	0.
13.	9.	10.	3.	3.

Quoyque des experiences faites dans une terre aussi meslée que celle dans laquelle on a tiré, ne soient pas à beaucoup près aussi exactes que les épreuves qu'on a faites en tirant dans l'air, pour juger des differentes charges, on ne laissera pas d'appercevoir ce que l'on doit penser de ces dernieres, en adjoustant les profondeurs des trous formez

G

par les six charges de 9. livres, qui donnent ensemble 53. pieds 5. pouces 3. lignes, qui estant divisez par 6. il vient 8. pieds 10. pouces 10. lignes pour la profondeur moyenne : que si l'on adjouste de mesme les profondeurs des trous causez par les chagers de 12. & de 14. livres de poudre, l'on trouvera qu'elle donnent ensemble 63. pieds 3. pouces 9. lignes, qui estant divisez par 7. il vient 9. pieds 6. lignes pour la profondeur moyenne, qui ne surpasse la precedente que d'un pouce 8. lignes.

Il faut remarquer que, pour les quatre premiers coups admis de l'épreuve du 25. juin, la piece a esté pointée par un Canonnier; & que pour les autres coups tirez le 2. juillet, la piece a esté pointée par M. . . . . . Enfin, que dans ces deux épreuves, on n'a point mis de bouchon sur la poudre, mais seulement un sur le boulet refoulé de deux coups. FAIT à Metz, le vingt-six juillet mil sept cens quarante. Signé, &c.

EPREUVES DE BOMBES.

Voulant aussi juger des effets que produiroient les differentes charges des Bombes, l'on s'est rendu le 9. de juillet dans l'isle de Chambiere, avec les personnes qui avoient assisté aux épreuves du canon. Là, toutes choses ayant esté disposées, l'on a fait charger deux Bombes de 12. pouces, de chacune 4. livres de poudre.

La premiere de ces Bombes a esté posée à terre, & on y a mis le feu par le moyen d'un morceau d'amadoüe, pour que le Bombardier eust le temps de se retirer; après que cette bombe eut crevé, l'on en a esté examiner l'effet, & reconnu que les éclats avoient fait à terre une impression qui formoit six rayons. De

Experience inutile, on n'employe jamais les Bombes de cette sorte : d'ailleurs, avec une livre de poudre on fera crever une bombe.

Au reste, il ne paroist pas que les épreuves faites à ce sujet, soient suffisantes ; la matiere dont sont formées les bombes, est si bizarre & irréguliere, que ces éclats, qui doivent estre en grand nombre, on en a retrouvé un premier à 17. toises, un second & un troisieme, à 60. un quatrieme, à 90. un cinquieme, à 200. toises; la pluspart ayant formé plusieurs ricochets, dont la distance n'a pas esté mesurée, parce qu'il auroit fallu trop de temps pour les aller rechercher.

La seconde Bombe, chargée & tirée comme la precedente, s'est aussi partagée en un grand nombre d'éclats, qui ont formé cinq rayons auxquels respondoit l'impression de plusieurs ricochets. De ces éclats l'on en a retrouvé un à

l'on ne peut asseoir un jugement bien certain sur les différentes portées des éclats, qui, selon qu'ils resistent plus ou moins par leur liaison avec leurs voisins, & les differens angles suivant lesquels ils sont chassez, sont jettez plus ou moins loin; en sorte que l'éclat le plus éloigné n'est pas toûjours celuy qui a reçû la plus forte impression, mais celuy qui a esté chassé sous l'angle le plus avantageux pour aller loin : combien d'accidens ! combien d'inégalitez !

9. toises; un second, à 18. un troisieme, à 30. un quatrieme, à 32. un cinquieme, à 80. un sixieme & un septieme, à 200. toises; & suivant les volumes des mesmes éclats, on a jugé que cette bombe devoit en avoir produit environ autant que la premiere : mais on ne les a pas tous recherchez, & l'on a appris le lendemain que l'on avoit retrouvé deux éclats de cette bombe, qui avoient esté chassez à la distance de 3. à 400. toises.

L'on a ensuite fait charger de 3. livres de poudre chacune, deux autres bombes de 12. pouces, tirées à terre comme les precedentes; ayant fait mettre le feu à la premiere, la moitié inferieure s'est détachée par l'ébarbure, & s'est enfoncée d'un pied en terre; l'autre moitié superieure s'est divisée en plusieurs éclats, dont le premier a esté chassé à 21. toises de distance, un second à 80. un troisieme à 100. un quatrieme à 150. & un cinquieme à 160.

La seconde bombe chargée de trois livres, a formé, en crevant, une impression de six rayons, & s'est divisée en un grand nombre d'éclats, dont on n'en a retrouvé que sept, le premier à 18. toises, le second à 71. le troisieme à 103. le quatrieme à 120. le cinquieme à 130. le sixieme à 160. & le septieme à 200.

L'on a jugé par le nombre des éclats, & la distance où ils ont porté, que les bombes chargées de 3. livres de poudre seulement, *produifoient autant d'effet que celles qui eftoient chargées de 4. livres.*

L'on a enfuite fait charger d'une livre de poudre deux bombes de 8. pouces, pour les faire crever à terre comme les precedentes; la premiere a formé, en crevant, une impreffion de cinq rayons, & s'eft divifée en un grand nombre d'éclats, dont on n'en a retrouvé que fix, le premier a efté chaffé à 8. pieds de diftance, le fecond à 2. toifes, le troifieme à 100. le quatrieme à 130. le cinquieme à 150. & le fixieme à 80.

La feconde bombe de 8. pouces a formé, en crevant, une impreffion de quatre rayons, & s'eft auffi divifée en un nombre d'éclats dont on n'en a retrouvé que fix, le premier à 10. pieds, le fecond à 13. toifes, le troifieme à 40. le quatrieme à 14. le cinquieme & le fixieme à 79.

Le 12. juillet, l'on s'eft encore rendu dans l'ifle de Chambiere, avec toutes les perfonnes qui avoient affifté aux épreuves precedentes, afin de voir quel feroit l'effet des differentes charges de bombes, lorfqu'elles feroient jettées avec des mortiers, comme à l'ordinaire.

Pour cela, l'on a commencé par faire charger de 3. livres de poudre, deux bombes de 12. pouces, qui ont efté tirées avec un mortier dont la chambre eftoit cilindrique: Ce mortier chargé de 2. livres de poudre, & pointé à 45. degrez, a chaffé la premiere bombe à 166. toifes; cette bombe, en crevant, a fait un entonnoir de 4. pieds de diametre fur 2. pieds de profondeur.

Des éclats que cette bombe a formez, on n'en a mefuré que deux; le premier, équivalent à près de la moitié de la bombe, a efté chaffé

On n'a pas fait affez d'épreuves pour juger de l'effet propofé, à caufe de l'heterogeneïté des terres, & de la matiere des bombes: cependant fi l'on veut s'en rapporter à l'épreuve faite, on ne peut comparer enfemble que la feconde bombe chargée de 3. livres de poudre, avec la premiere de celles qui ont efté chargées de 9. livres de poudre; or l'entonnoir de celle-là eft de 2. pieds 8. pouces de diametre fur 15. pouces de profondeur; & l'entonnoir de celle-cy eft de 5.

pieds

à 79. toifes de diftance, & le fecond à 130. le refte de la bombe eft refté dans fon entonnoir.

Pour ne point perdre de temps en allant trop loin remarquer la chûte des bombes, l'on a fait diminuer la charge du mortier, que l'on a reduite à cinq quarterons de poudre ; alors la feconde bombe chargée de 3. livres, n'a efté chaffée, fous l'angle de 45. degrez, qu'à 65. toifes de diftance ; où elle a formé un entonnoir de 2. pieds 8. pouces de diametre, fur 15. pouces de profondeur ; elle s'eft divifée en un grand nombre d'éclats, dont on n'a mefuré la diftance que de cinq ; le premier a efté chaffé à 27. toifes, le fecond à 31. le troifieme & le quatrieme à 75. & le cinquieme à 120.

L'on a enfuite fait charger de chacune 9. livres de poudre, deux autres bombes de 12. pouces, tirées avec le mefme mortier, toûjours pointé fous l'angle de 45. degrez.

La premiere de ces bombes a efté portée à 70. toifes de diftance, où elle a formé, en crevant, un entonnoir de 5. pieds de diametre fur 2. pieds de profondeur ; on n'a retrouvé que trois de fes éclats, le premier à 15. pieds de diftance, le fecond à 16. & le troifieme à 120. toifes.

La feconde, chargée de 9. livres,

pieds de diametre, fur 2. pieds de profondeur, où l'on voit la plus grande charge toûjours victorieufe ; cet avantage détermine en faveur des fortes charges des bombes, lorfqu'il eft queftion dans les fieges, de démonter les batteries, labourer les parapets, ruiner les deffenfes, quand mefme les éclats iroient auffi loin à l'une qu'à l'autre charge.

La raifon pour laquelle on ne peut faire de comparaifon de la feconde bombe chargée à 9. livres, eft qu'elle eft tombée dans l'entonnoir d'une des bombes precedentes ; ni de la premiere, chargée à 3. livres de poudre, parce que fa portée eftant de 166. toifes, fon élevation fous l'angle de 45. degrez a efté de 41. toifes $\frac{1}{2}$; elle s'eft par confequent beaucoup plus enfoncée par fa chûte, & a dû faire un entonnoir bien plus grand, proportionnement aux charges, que la premiere chargée de 9. livres, dont la portée n'a efté que de 70. toifes, & fon élevation de 17. toifes $\frac{1}{2}$: les hauteurs de leur chûte eftoient donc entr'elles comme 41. eft à 17. & malgré cette difference, qui peut eftre échappe à ceux devant qui l'on a fait l'épreuve, la bombe chargée à 9. livres, *a esté tomber précisement dans le trou qu'avoit fait la penultieme, ainsi l'on n'a pu juger de la grandeur de son entonnoir; l'on a seulement trouvé quatre de ses éclats, dont le premier a esté chassé à 44. toises de distance; le second, à 46. le troisieme, à 300. & le quatrieme, à 350. FAIT à Metz, le vingt-six juillet mil sept cens quarante. Signé . . . . & BELIDOR.*

& dont la chûte n'estoit que de 17. toises ½ de hauteur, a fait un entonnoir d'un pied plus grand que la bombe chargée à 3. livres, dont la chûte estoit de 41. toises ½ de hauteur.

On n'a pas suivi dans cette épreuve, l'usage pratiqué dans les sieges, usage dont les avantages sont démontrez : c'est de tirer sous un angle au-dessus de 45. degrez, pour avoir une élevation plus grande de la bombe, une plus grande hauteur de chûte, & par consequent un plus grand choc contre les corps qu'elle rencontre, & un plus grand enfoncement.

C'est sous l'angle le plus approchant de la verticale, qu'il falloit faire cette épreuve de bombes, pour juger des efforts par les enfoncemens, qui devroient estre entr'eux comme les hauteurs des paraboles décrites sous differens angles.

Il paroist par ce procès-verbal d'épreuves, que l'on a pris les moyens estimez les plus propres pour parvenir à une fin prémeditée : on a mis à profit toutes les ruses de l'esprit, en faisant un mauvais usage de ses lumieres, l'angle de 4. degrez pour le Canon, celuy de 45. pour la Bombe, la suppression des charges de 8. de 18. & de 20. livres le 11. juin, par un jugement précipité ou prévenu, la comparaison fausse des choses dissemblables, l'injuste application d'une théorie où elle ne convient pas ; tout a esté employé pour establir un systeme que l'imagination seule a formé. Malgré tous ces soins & ces artifices, les épreuves ne se declarent point en faveur du systeme : les loix du mouvement & de l'action de la poudre, ne dépendent point de la fantaisie des hommes ; nostre esprit ne guide pas la nature, c'est la nature qui guide nostre esprit dans les choses physiques ; elle maistrise nos raisonnemens, & les dément très-souvent ; ils ne sont justes qu'autant qu'ils luy sont conformes, & c'est l'attention fidelle que l'on fait sur ses opérations, qui conduit à des veritez utiles ; elle seule peut nous convaincre & nous persuader.

TROISIEME PARTIE.

<table>
<tr><td>

OBSERVATIONS
fur la charge du Canon.

</td><td>

RESPONSES.

</td></tr>
<tr><td>

1.° Il refulte de toutes les épreuves faites à Metz, que la charge de 9. livres de poudre pour les pieces de 24. produit communement autant d'effet que celle de 10. de 12. de 14. & mefme de 16. livres.

</td><td>

Que refulte-t-il de toutes les épreuves faites à Metz? rien de certain.

L'autheur fonde fes confequences fur la comparaifon des portées moyennes ; or cette comparaifon eft défectueufe & erronée, une portée

</td></tr>
</table>

moyenne eft une partie aliquote de la fomme de plufieurs portées particulieres. On a fait voir que ces portées particulieres varient : Donc les portées moyennes varient auffi : Donc leur comparaifon donne des confequences incertaines.

Mais, en admettant ce principe de comparaifon des portées moyennes, tout faux qu'il eft, il refulte de ces épreuves que, dans le fens de l'autheur, la charge de 8. livres eft meilleure que celle de 9. puifque fa portée eft plus grande, felon l'épreuve du 8. juin ; il en refulte encore que les charges de 18. & de 20. livres font les plus convenables de toutes, puifque leurs portées font les plus grandes.

Ces confequences font très-differentes de celles de l'autheur des obfervations : il eft facile de juger par l'infpection de l'eftat des épreuves, de quel cofté eft la verité & la bonne foy.

Mais la portée du boulet eft-elle fon principal effet ! eft-il celuy que l'on confidere ! n'eft-ce pas pluftoft la deftruction des corps contre lefquels on l'employe ?

Or cet effet utile eft different fuivant la differente nature des corps, & fuivant leur diftance.

Les plus grandes forces produifent le plus grand effort, mais non pas le plus grand effet : un boulet fait autant d'effort contre un balot de laine, que contre un mur de maçonnerie ; cependant l'effet fenfible en eft très-different.

Donc la propofition de l'autheur qui dit que la charge de

9. livres de poudre pour les pieces de 24. produit commune-ment autant d'effet que celle de 1 o. de 1 2. de 1 4. & mefme de 1 6. n'eft vraye que dans un fens particulier très - limité, c'eft-à-dire, fuivant la refiftance de certains corps ; auquel cas on peut en dire autant de la charge d'une, 2. 3. & 4. livres dans chaque calibre : Donc la propofition de l'autheur eft mal entenduë, & faite fans jugement.

2.º Que l'on aura un point fixe fur la charge du canon, que l'on ne connoiffoit pas ; puifque felon l'opinion generale des gens du meftier les plus éclairez, les portées devoient augmenter dans la proportion des charges, ce qui eft bien contraire à l'experience ; puifque par celle du 8. juin, les portées moyennes des charges de 8. & de 1 4. livres, ne different que de 2. toifes, & que par celle du 1 1. du mefme mois, la charge de 9. livres a chaffé fon boulet à 9 0 0. & à 1 0 0 0. toifes de dif-tance, comme celle de 1 2. de 1 4. & de 1 6. livres ; ce qui eft auffi confirmé par les épreuves faites en tirant dans la terre, où l'on a trouvé que la profondeur moyenne des trous formez par les charges de 9. livres, ne differoit de la pro-fondeur moyenne produite par les charges de 1 2. & de 1 4. livres, que d'environ 1. pouce 8. lignes, qui eft un trop petit objet pour eftre mis en ligne de compte ; encore cette difference ne vient-elle que du pénultieme coup tiré à 1 4. livres, dont le boulet s'eft

2.º Où eft donc le point fixe ? Certainement on ne le connoift pas encore, & il y a de la temerité ou de l'igno-rance à le marquer.

Il eft abfolument faux de dire que felon l'opinion gene-rale des gens du meftier les plus éclairez, les portées doi-vent augmenter dans la pro-portion des charges ; un pa-reil menfonge revolte, il n'eft pas d'Officier d'artillerie, quel-que borné qu'il foit, qui le penfe.

Voicy donc quelle eft l'o-pinion generale des gens du meftier, on l'a déja expliqué dans la premiere partie : les portées ne font pas propor-tionnelles aux charges, les plus grandes portées refpondent aux plus grandes charges juf-qu'à un certain point, au-delà duquel les portées diminuent à mefure que l'on augmente les charges.

On ignore dans quelle pro-portion fe fait cette augmen-tation & cette diminution des portées,

enfoncé dans une terre beaucoup plus douce que celle qui regnoit dans les endroits où l'on a tiré tous les autres; mais en total, cette derniere épreuve des terres ne peut eſtre auſſi certaine que les premieres.

portées, relatives aux differentes charges, petites ou grandes.

Ce ſentiment ſur les charges & les portées des bouches à feu, eſt confirmé par les experiences journalieres, & en particulier par celle du 8. juin, où les plus grandes portées reſpondent aux plus grandes charges; la portée moyenne de 9. livres, eſt de 825. toiſes, ou de 774. toiſes; celle de 16. eſt de 948. celle de 18. eſt de 975. & celle de 20. de 970. Peut-on révoquer ce fait en doute! il eſt atteſté par le procès-verbal; comment le concilier avec l'épreuve du meſme jour, qui donne pour les charges de 8. & de 14. livres, des portées moyennes qui ne different que de quatre toiſes, ſans avoir recours à quelques-uns des inconveniens qui ont dérangé les portées particulieres, dont on a formé les portées moyennes! On a déja vû quels peuvent eſtre ces inconveniens.

Les grandes charges dans les épreuves du 11. conſervent une ſupériorité qui auroit paru plus grande & plus marquée, ſi l'on n'avoit pas ſupprimé les épreuves à 18. & à 20. livres.

Les effets de la poudre auroient paru plus conſtans & plus reguliers, ſi l'on avoit pu pointer exactement, & toûjours ſous le meſme angle, refouler toûjours également; ſi les boulets avoient eſté non-ſeulement de meſme calibre, mais encore de meſme poids; ſi, &c.

Cette eſpece d'égalité des portées moyennes de 8 & de 14. livres, ne peut venir que de quelques-unes des cauſes qui varient les effets de la poudre; mais enfin l'égalité n'eſt pas parfaite dans les portées particulieres, dont on tire les portées moyennes; & l'on renvoye l'autheur à l'experience du madrier, à la conſideration du départ des boulets par une direction differente de celle de l'axe de la piece, à leur chaſſe ſous un angle plus ou moins avantageux, pour apprendre à ne pas décider des effets par les portées, ni des portées par les effets.

C'eſt vouloir ſe jetter dans un embarras inextricable, que de rapporter les profondeurs moyennes des charges de 9.

I

de 12. & 14. livres, pour les comparer enſemble, & en tirer des conſequences.

L'inégalité & l'heterogeneïté des terres de la butte où l'on a tiré, ne fourniſſent aucun fondement à des conjectures vraiſemblables : cependant les plus grands enfoncemens particuliers reſpondent aux plus grandes charges; mais ces épreuves dans les terres, ainſi que celles de la premiere eſpece, ne peuvent eſtre d'aucune utilité, ſi elles ne ſont faites dans le deſir ſincere de découvrir la verité, & dirigées ſans employer l'art pour amener l'experience à ſes vûës.

3.° Quand il s'agira de tirer un grand nombre de coups, im-médiatement de ſuite, comme on fait pour battre en breche, l'on aura bien plus d'avantage en ne chargeant qu'à 9. ou à 10. livres de poudre tout au plus, que ſi l'on ſe ſervoit de charges plus fortes; parce que les pieces ne s'échauffe-ront pas autant à beaucoup près, & que par conſequent, elles en dureront plus long-temps : il eſt bien vray que les Officiers d'ar-tillerie, pour cette conſideration, ont couſtume de diminuer la char-ge ordinaire, & de la reduire à 9. livres; mais ils ignoroient pour la pluſpart, que ces charges fai-ſoient autant d'effet que les plus fortes, quoy qu'ils penſent au-jourd'huy differemment.

3.° Quand il s'agit de tirer un grand nombre de coups im-médiatement de ſuite, comme on fait pour battre en breche, on a bien plus d'avantage en ne chargeant qu'à 6. livres de pou-dre, & meſme moins, lorſque l'objet à battre fait peu de re-ſiſtance par la liaiſon de ſes par-ties, comme la terre : l'on ſe ſert de la charge de 8. livres, lorſque le corps à détruire re-ſiſte autant ou plus par la liai-ſon de ſes parties, que par ſa maſſe, comme la maçonnerie, & que ſa diſtance n'excede pas celle de 300. toiſes : on a dit la raiſon de cette conduite dans la premiere partie de ce me-moire.

Il eſt bien vrai que les Offi-ciers d'artillerie font quelque-fois uſage de la charge de 12. livres, quand ils ont à battre de plein foüet un objet éloigné, dans lequel il faut faire breche.

Lorſqu'il n'eſt pas queſtion du ricochet, ils ont couſtume de commencer par la charge de 8. livres, c'eſt la charge ordi-naire, c'eſt la charge uſitée, c'eſt le point d'où ils partent; ils

augmentent rarement la charge, ils la diminuent prefque toûjours, ils la reglent, ils la changent fuivant le befoin, ils la
reduifent judicieufement à la quantité convenable à l'effet qu'ils
fe propofent.

Cette réduction eft fouvent plus grande que l'autheur ne le
croit; la confideration de la chaleur de la piece y entre pour
quelque chofe, mais des confiderations bien plus juftes, &
des vûës plus importantes que le menagement d'une piece de
canon, reglent leur conduite : c'eft le bien du fervice du Roy,
c'eft ce qui les maintient dans leurs ufages; les épreuves du fieur
Belidor ne feront pas varier leur fentiment fur les moyens d'y
réuffir.

Les maximes & la couftume des Officiers d'artillere, eft de
remplir leur devoir, de menager la poudre, & d'executer le
canon de la maniere la plus fûre, la plus convenable à fa fin,
& la moins difpendieufe : telle eft l'idée que l'on doit fe former
des Officiers de ce Corps; idée qu'ils foûtiennent par leur conduite & par leur fçavoir.

Dans cette obfervation, le mot *effet* eft encore pris dans
un fens équivoque ; s'il fignifie *effort, force* ou *portée,* les
Officiers d'artillerie ignorent, ou, pour mieux dire, ne penfent
pas que les charges de 8. & de 9. livres faffent dans ce fens
autant d'effet que les charges de 18. & de 20. livres; s'il fignifie
l'effet utile & fenfible, la deftruction des corps, ils penfent
que cet effet varie fuivant la nature des corps, c'eft-à-dire,
que l'on doit employer les grandes ou petites charges, fuivant
la réfiftance des corps, & leur diftance : ils penfent aujourd'huy
là-deffus comme ils ont toûjours penfé, & comme ils penfe-
ront toûjours; l'obfervation de l'autheur à ce fujet, porte avec
foy les marques de fa préfomption & de fon impofture; cette
obfervation n'eft point une inftruction, c'eft une injure, c'eft
une calomnie.

4.º On tire beaucoup plus juste avec la charge de 9. livres, qu'avec les autres plus fortes; puifque dans les épreuves l'on remarque plus d'égalité dans les	4.º L'autheur a oublié de faire attention aux inégalitez qui fe trouvent dans les por- tées de 9 livres, du 8. juin, où l'une des portées particulieres

portées de ces premieres, que dans celles des autres.

est de 715. l'autre de 917. & dans celles du 11. où la piece chargée à 9. livres a porté son

boulet, tantost à 1010. toises, tantost à 735. dont la difference 275. ne se trouve dans aucune des portées des plus fortes charges, tantost à 900. & à 731. &c.

5.º Les affuts ñe seront pas si fatiguez, en ne se servant que des charges moyennes, & dure-ront bien plus long-temps qu'en se servant des plus fortes.

5.º Comme on doit faire usage des charges plus ou moins fortes, suivant le besoin, les affusts seront fatiguez plus ou moins suivant l'occasion.

L'usage estant de tirer à 8 livres pour battre en breche, ils seront moins fatiguez à cette charge qu'à celle de 9 livres.

On n'a recours à de plus grandes charges, que dans les cas de necessité, comme de plus grande distance, ou de plus grande résistance.

6.º L'œconomie de la poudre est au moins d'un quart, avan-tage considerable, tant pour sa propre valeur, que pour la dimi-nution des charrois qu'il faut pour son transport, & de la sub-sistance des chevaux necessaires à ces charrois; objets fort essentiels.

6.º La veritable œconomie de la poudre pour le Roy, consiste dans une despense ju-dicieuse: Donc s'il y a vraye-ment des cas où les plus fortes charges soient utiles & necef-faires, il faut en faire usage.

Mais la charge ordinaire de 8 livres, employée par les

Officiers d'artillerie, & leurs maximes détaillées à la response troisieme, & dans la premiere partie de ce Mémoire, menent à une œconomie plus grande que celle que l'autheur propose, & l'on avoit envisagé avant luy un objet aussi essentiel.

Dans le fonds, y a-t-il de l'œconomie à employer la charge de 9. livres, plustost que celle de 8. livres!

La seule œconomie que l'autheur pouvoit procurer au Roy, estoit de ne faire aucunes épreuves.

On laisse à l'autheur le soin d'accorder cette sixieme ob-servation avec la troisieme, où il convient que les Officiers d'artillerie d'artillerie ont couſtume de diminuer les charges, & de les reduire à 9. livres, quoy qu'ils ignorent tous les privileges de cette charge : ils ſe ſont donc bien conduits, malgré leur igno-rance & les préjugez d'un ſentiment contraire ; ils ſont entrez d'eux-meſmes dans des vûës d'œconomie & de juſteſſe, ſans le ſçavoir ; l'autheur forcé d'approuver leur conduite, cenſure ſeulement leur ignorance. Pouvoit-il, en effet, briller & ſe donner du relief, s'il avoüoit que la conduite de ces Officiers fût appuyée ſur leur ſçavoir ? Auroit-il paru les éclairer, s'il n'avoit ſuppoſé qu'ils fuſſent dans les tenebres ?

7.º Il reſulte encore de ces experiences, que les pieces char-gées ſans bouchon ſur la poudre, portent regulierement plus loin qu'en ſuivant l'uſage ordinaire, qui eſt de refouler ſix ou huit coups ſur le bouchon de la poudre, & ſix ſur celuy du boulet ; au lieu qu'en ſupprimant le premier, & ne refoulant le ſecond que de deux coups ſeulement, le ſervice en eſt bien plus prompt, & les Canon-niers moins long-temps expoſez devant l'embraſure.

7.º On ſentoit aſſez, ſans ces experiences, qu'en chargeant à gargouſſes, il eſt inutile de mettre un bouchon ſur la pou-dre ; l'uſage ordinaire du re-fouloir & du bouchon n'eſt pas tant pour comprimer la pou-dre, & luy donner de la force par ce moyen, que pour raſ-ſembler avec le bouchon, celle qui eſt éparſe dans l'ame de la piece, & la loger doucement avec ce bouchon & le refou-loir.

Le bouchon de paille, ou de fourrage, intermédiaire entre le boulet & la poudre, ne fait qu'amortir ſon effet, émouſſe ſon reſſort, ou pluſtoſt le reſſort de l'air qu'elle rarefie, parce que la poudre agit pre-mierement ſur ce fourrage interpoſé, qui eſt compoſé de parties flexibles, molles & ſans reſſort ; enfin il ſeroit à ſouhaiter que l'on chargeât toûjours à gargouſſes, pour la promptitude de l'execution.

8.º L'œconomie de la poudre ſe fait ſur-tout ſentir pour l'ap-proviſionnement des places, en cas de ſiege ; puiſque ſi l'on tire à

8.º Cette obſervation n'eſt pas une ſuite des épreuves, & ne dit rien de neuf.

De tout temps on ſçait que

K

ricochet tout le canon defliné à efloigner les approches, & à retarder le chemin des fappes, il fuffira alors de ne charger les pieces qu'à la huitieme partie du poids du boulet ; c'eft-à-dire, celle de 24. à 3. livres, celle de 16. à 2. celle de 12. à 1.½, & celle de 8. à 1. livre ; alors elles feront incomparablement plus d'effet, & les boulets iront beaucoup plus loin par ricochet, que fi on les tiroit à toute volée.

pour tirer à ricochet, il faut très-peu de poudre ; mais un peu plus ou un peu moins, fuivant ce que l'on fe propofe de faire ; l'œconomie a fuivi de cet ufage pratiqué avec jugement, & fuivant le befoin.

De plus, cette obfervation eft ridicule. Peut-on propofer de deffendre une Place, en tirant à ricochet, & de faire l'approvifionnement de la poudre pour les Places, en cas de fiege, fur ce pied.

Que fera le ricochet contre une batterie, ou des ouvrages qui fe prefentent en face, & qu'il faut battre de plein foüet! Le ricochet n'eft bon que contre les pieces qu'il enfile, qu'il écharpe, ou qu'il prend de biais.

Dépend-il toûjours de l'affiegé, de prendre ces avantages! L'affiegeant ne les luy fournit que très-rarement, & par une erreur bientoft reparée, jamais par ignorance.

C'eft à l'affiegeant de faire ufage du ricochet, parce qu'il dépend de luy de prendre les fituations propres à l'effet qu'il en attend, en fe plaçant, quand le terrein le permet, fur la prolongation des faces des ouvrages dont il veut efteindre le feu.

9.º Les pieces de canon ayant efté faites jufqu'icy, pour eftre capables de refifter à l'épreuve d'une charge égale à la pefanteur du boulet, & aux deux tiers du mefme poids ; il eft naturel de penfer que leur veritable charge fe trouvant reglée à peu plus que le tiers du poids, elles n'ont pas befoin d'eftre fi fort chargées de metal, dont le poids pourra eftre

9.º Cette propofition de diminuer l'épaiffeur, ou le poids du metal des pieces, au moins d'un quart, eft feduifante par fon œconomie, & dangereufe par fes fuites en temps de guerre : il paroift que l'auteur en a fenti les confequences, puifqu'il veut faire retomber fur autruy, & en particulier fur le fieur Sautray,

diminué d'un quart au moins; & c'est de quoy est convenu le sieur Sautray fondeur de Paris, pendant son sejour à Metz: cet article qui est d'une grande conséquence, ayant esté discuté devant luy par les personnes que je connois les plus capables d'en bien juger.

le blasme que luy attireroit une pareille proposition; mais le sieur Sautray le dément; l'autheur ne nomme pas les autres personnes de sa connoissance, capables de bien juger de cette matiere, craint-il d'en estre desavoué?

Pour sentir parfaitement le foible du raisonnement de l'autheur, il faut distinguer la charge d'épreuve, de la charge ordinaire; l'autheur passe de l'une à l'autre, & tire sa conclusion d'une équivoque, & d'une supposition fausse.

Les charges d'épreuve font égales à la pesanteur du boulet, aux trois quarts, & aux deux tiers de ce poids; l'épreuve ne se fait qu'une fois.

Les charges ordinaires font égales au tiers du poids du boulet, ce font celles de service.

Les pieces ne font pas fonduës pour estre capables de faire le service fur le pied des charges d'épreuve, mais fur le pied des charges ordinaires; elles doivent soûtenir une feule fois l'épreuve, pour estre reçûës; & de ce qu'elles ont resisté une feule fois aux charges d'épreuves, on conclud qu'elles seront, comme l'on dit, de bon service, c'est-à-dire, capables de resister pendant un assez long temps à leur charge ordinaire, fixée au tiers du poids du boulet. Or elles resistent à peine à cette charge: Donc point de diminution de metal. Le service des pieces de gros calibre est de peu de durée: Donc elles font trop foibles de metal.

Quelque legere que soit une piece de canon, le reste égal d'ailleurs, elle donne les mesmes portées & les mesmes effets; la durée en est feulement differente.

Dans le fait, on employe très-rarement les fortes charges; dans le service ordinaire, on charge au tiers du poids du boulet; cependant les pieces de 24. periffent trop aifement: donc point de diminution de metal.

Aux exercices de pratique des escoles, où l'on charge au quart du poids, les pieces de 24. s'alterent aifement & periffent;

celles de 4. refiſtent bien : Donc celles-cy ſont ſuffiſamment chargées, & celles-là ſont trop foibles de metal : Donc il faudroit à celles-là une augmentation de metal ; & il eſt très-vray de dire que les groſſes pieces n'ont pas à proportion autant d'épaiſſeur que les petites, pour reſiſter aux efforts qu'elles ont à ſoûtenir ; de-là vient la difference de leur durée, à ſervice égal.

REFLEXIONS sur la charge des Bombes.

1.° L'on a deux objets principaux dans l'uſage des bombes ; le premier, & le plus ordinaire, eſt dans les ſieges, de démonter & de ruiner les batteries, & de mettre le deſordre parmi les troupes aſſiegées ; le ſecond eſt de bruſler, & de deſtruire les maiſons & édifices.

Comme le premier objet eſt le principal, & le plus ordinaire dans l'attaque des places, les bombes de 12. pouces, chargées de 3. livres de poudre, ou de 4. livres au plus, produiront le meſme effet que ſi elles eſtoient chargées de 9. ou de 10. comme on fait ordinairement ; puiſque les éclats chaſſez par ces deux charges ſont portez à peu près à la meſme diſtance, & briſeront par conſequent les roüages, flaſques & platte-formes, auſſi bien que les paliſſades & madriers de retranchemens.

Quant au ſecond objet, dans le cas d'un bombardement, on ſera le maiſtre de forcer la charge

RESPONSES.

Les reflexions de l'autheur ne ſont pas plus juſtes que ſes obſervations.

Les bombes de 12. pouces ſont faites pour contenir environ 15. livres de poudre ; mais ſuivant les differens uſages, elles doivent eſtre chargées à 8. 9. ou 10. livres de poudre.

Pour remplir leur principale fin, elles doivent eſtre tirées ſous un angle au-deſſus de 45. degrez, pour avoir une plus grande chûte, & par conſequent un plus grand enfoncement dans les terres ; elles doivent donc avoir une charge capable de ſoûlever ces terres, faire l'effet d'une fougaſſe, labourer le parapet, & jetter ſes éclats encore avec aſſez de force, pour démonter les batteries, en briſant les affuts & les roüages.

Une charge de trois livres ne fait que ſeparer les deux parties qui forment la bombe, & ſouvent

pour incendier les endroits qu'on voudra détruire, & alors la plus grande quantité de poudre cause un plus grand effet.

& souvent ces deux calottes restent dans les terres, ou du moins il y a peu d'éclats, ils sont gros, & n'ont que très-peu de force, & très-peu de portée.

Il en est de mesme pour mettre le desordre parmi les troupes, les grandes charges font un plus grand nombre d'éclats, & leur effet est plus certain.

2.º Les bombes de 8. pouces estant uniquement destinées à donner de l'inquietude, & à faire du mal aux troupes qui sont dans les ouvrages, leur veritable charge est seulement d'une livre de pou-

2.º Les bombes de 8. pouces sont faites pour contenir environ 4. livres de poudre, & leur charge, selon les differens cas, est de 2. ou 3. livres.

dre, au lieu de 5. ou 6. qu'on a coustume d'y mettre; cette petite charge leur convient d'autant mieux, que le meilleur usage qu'on peut faire de ces bombes, est de les tirer à ricochet, soit pour l'attaque, ou pour la deffense.

La méthode des experiences a un air d'authorité & d'empire, qui impose à nostre raison, & tyrannise nostre créance : on ne peut, & on ne doit pas mesme contester les faits ; mais les faits en certain genre, font-ils lumineux par eux-mesmes ?

Une mesme cause produit des effets qui paroissent contraires, suivant que cette cause est plus ou moins active, & differemment appliquée.

Lorsque plusieurs causes agissent sur plusieurs sujets, pour concourir à un seul effet, combien de combinaisons ! Ne peut-on pas presenter les differens sujets aux differentes causes, en plusieurs manieres ? Ne peut-on pas en substituer, en oster, les placer à differentes distances, dans diverses situations, en differens temps, en differens lieux ? Combien de changemens n'arrive-il pas ! le fait qui en resulte, est-il toûjours le mesme !

On peut donc varier les experiences, les contourner, les plier, les fléchir : on peut donc déguiser ou corrompre les faits ; les causes qui les produisent peuvent s'alterer, diminuer ou augmenter, devenir plus ou moins actives ; les sujets qui en reçoivent les impressions, peuvent recevoir aussi une infinité

L

de changemens ; qui eſt-ce qui démeſlera ces accidens ? Qui eſt-ce qui aſſujettira ces cauſes ? Combien de faits differens ?

La poudre eſt dans ce cas, trois matieres la compoſent ; ces matieres ne ſont pas toûjours de meſme qualité.

Elle eſt reduite en grain, dont la figure, la groſſeur & la ſechereſſe varient à l'infini ; elle eſt plus ou moins active, ſuivant ſa nature, ſuivant les lieux & les temps.

Ses effets ſur les corps qui reçoivent ſon impreſſion, pour agir ſur d'autres corps, varient encore à l'infini.

Les corps qui reçoivent ſes premieres impreſſions, ont differentes figures, differens poids, differens centres de gravité ; ceux-cy agiſſent à differentes diſtances, ſur d'autres corps de differente reſiſtance.

La poudre agit diverſement ſuivant ſa quantité, ſuivant le canal où elle eſt contenuë, & l'eſpace qu'elle occupe ; elle s'enflamme en differens temps, en differens points : le canal eſt plus ou moins long ; à chaque inclinaiſon de ce canal, nouvel effet : la poudre n'eſt conſtante que dans ſon inconſtance ; au moindre changement qui arrive, nouvelle bizarrerie : A laquelle des cauſes eſt arrivé ce changement ! Qui eſt-ce qui le reconnoiſtra ! Sous combien d'aſpects differens la meſme choſe ne s'offre-t-elle pas à nos obſervations ? Et ne doit-on pas avouer que ce qu'il y a de plus certain ſur cette matiere, c'eſt l'incertitude meſme ?

Que l'on produiſe à preſent des épreuves, que l'on cite des faits, on écoutera avec plaiſir & avec attention, quiconque eſt en eſtat de donner des lumieres ſur des choſes auſſi épineuſes qu'utiles.

On ſçait aſſez qu'il eſt neceſſaire de connoiſtre les charges & les portées du canon : l'experience de près de 400. ans, la pratique la plus judicieuſe & la plus attentive, jointe à une profonde théorie, n'a encore vû que de l'incertitude ſur ces faits.

Un obſervateur nouveau paroiſt ; Belidor peu ſcrupuleux ſur ſes idées, peu circonſpect dans ſes recherches, ſans experience, ſans pratique, franchit toutes ces difficultez ; il marque les progrez & les bornes de la poudre ; il fixe le point de ſa plus grande force, comme celuy de ſon plus grand effet ; ſans avoir vû la guerre, il décide, il donne des inſtructions ſur le ſervice, il enſeigne quel doit eſtre l'uſage militaire de la poudre ; il preſcrit des regles fur l'execution de l'artillerie : doit-on recevoir fes regles? Oüy, fans doute, fi elles font utiles, fi elles font juftes, s'il fçait mettre un frein à la poudre , & s'il peut refpondre de fes effets.

Les perfonnes un peu verfées dans la pratique de l'artillerie, en géometrie & en phyfique, qui liront ce memoire avec quelqu'attention, conviendront qu'il n'eft pas de malice plus frauduleufe, ou d'ignorance plus marquée fur le méchanifme des effets irréguliers de la poudre, que de vouloir apprecier, déterminer la charge la plus convenable à telle ou telle bouche à feu : on ne parviendra jamais à cette fin, à ce point fixe, par aucunes épreuves, fuffent-elles réïterées pendant des fiecles, conduites par la pratique la plus confommée, & dirigées par la théorie la plus fcrupuleufe, avantages que n'ont pas celles de Belidor. Or il n'eft point ignorant fur les varietez immenfes du méchanifme de la poudre; y a-t-il donc de la bonne foy ou de la fourberie dans fa conduite? il eft facile de conclurre.

Toutes les obfervations du fieur Belidor fe reduifent à dire, que :

La charge de 9. livres de poudre, pour la piece de 24. eft la plus convenable, & qu'elle produit les plus grandes portées & les plus grands effets.

Qu'en confequence de cette charge de 9. livres, il faut diminuer le métal des pieces de 24. au moins d'un quart.

Qu'il faut éloigner les approches, en ne tirant qu'à ricochet.

Qu'il faut faire l'approvifionement des places fur ce pied du tir à ricochet.

Que trois à quatre livres de poudre dans les Bombes de 12.pouces, fuffifent pour démonter & ruiner les batteries, labourer les parapets, & inquieter les troupes.

Les Militaires fuffifamment experimentez, fe conformeront-ils à de pareilles obfervations ?

A PARIS, DE L'IMPRIMERIE ROYALE. 1741.